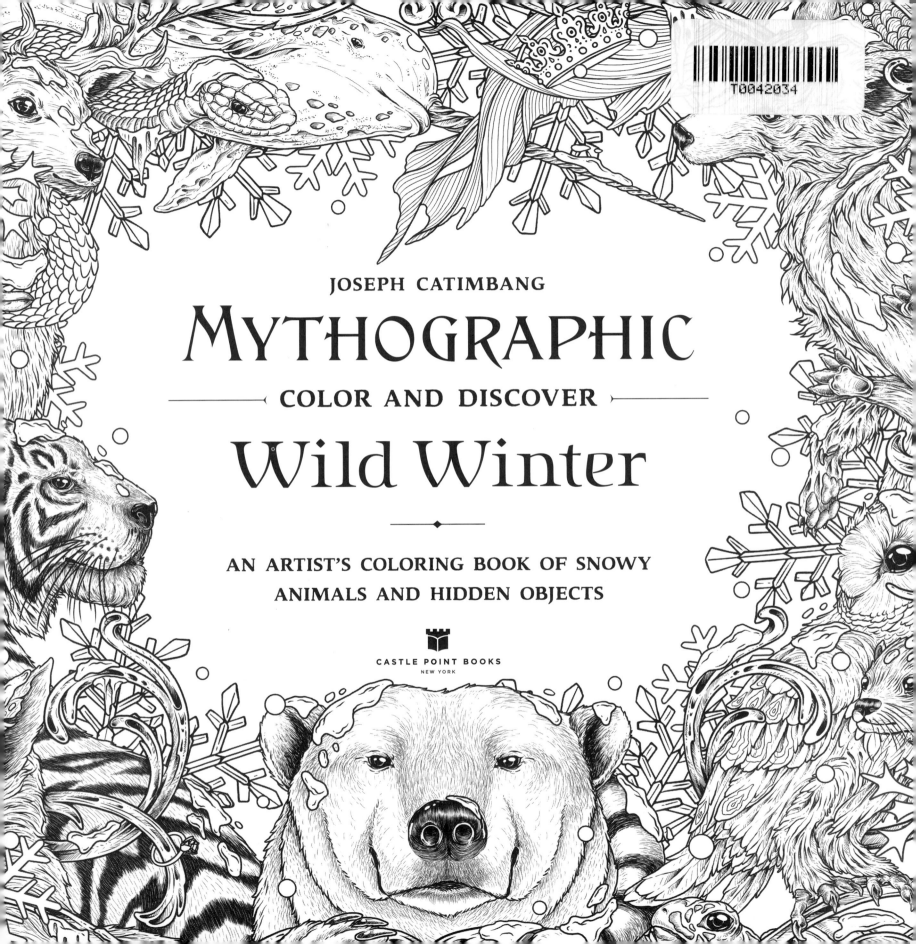

JOSEPH CATIMBANG

MYTHOGRAPHIC

COLOR AND DISCOVER

Wild Winter

AN ARTIST'S COLORING BOOK OF SNOWY
ANIMALS AND HIDDEN OBJECTS

CASTLE POINT BOOKS
NEW YORK

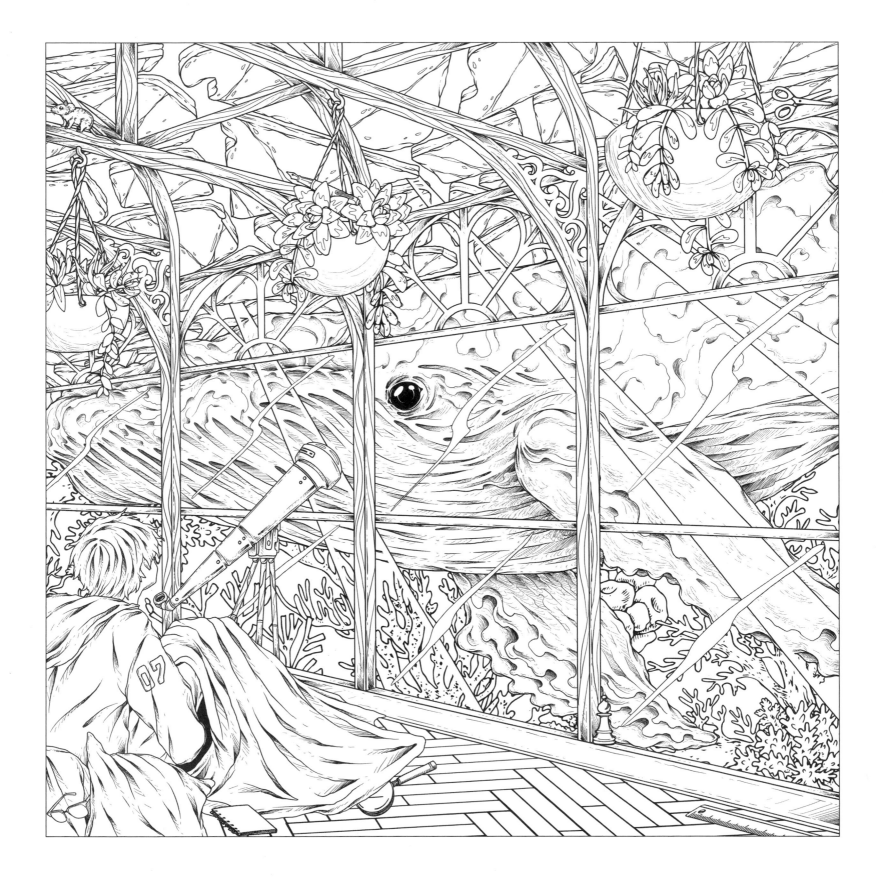

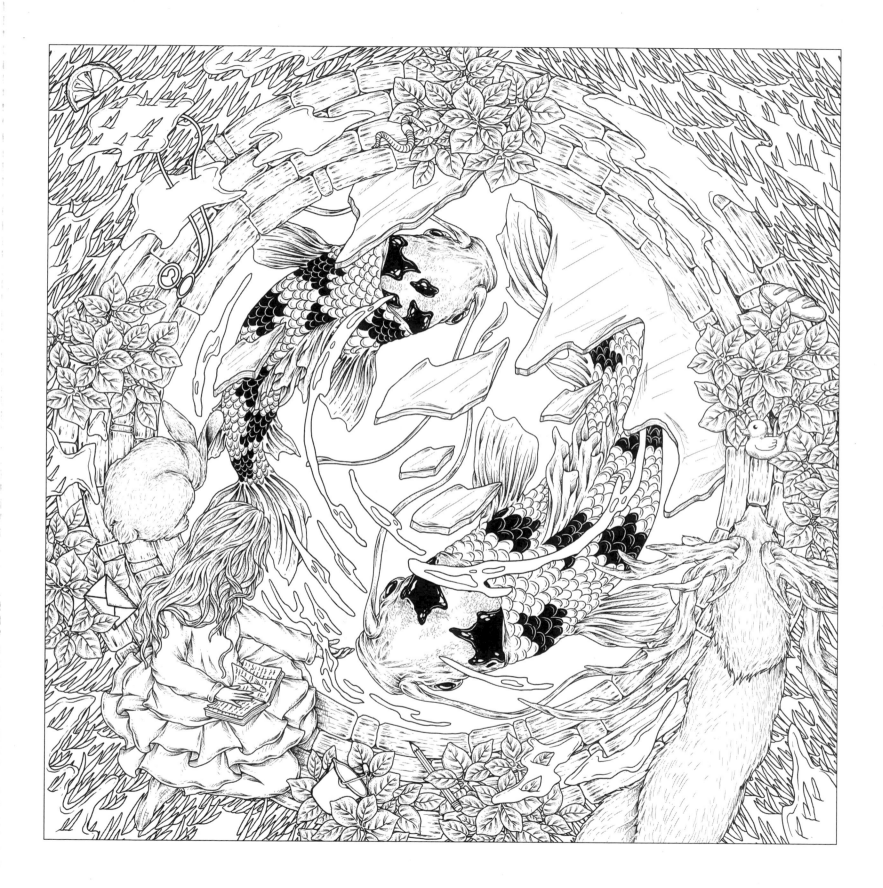

HIDDEN OBJECTS REVEALED

COVER

1 Lantern **2** Dagger **3** Crown **4** Compass **5** Popsicle **6** Ring **7** Flute
8 Pendant

HEIGHTS

1 Telescope **2** Scarf **3** Gem Necklace **4** Mitten **5** Lady Bugs (4)

WARMTH

1 Apples (4) **2** Rabbit **3** Caterpillar **4** Snail **5** Antler

SUMMIT

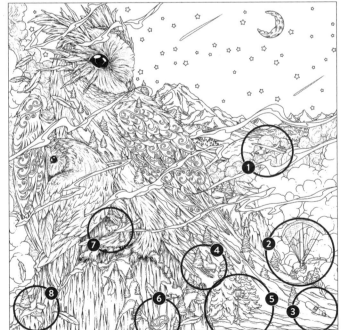

1 Airplane **2** Paraglider **3** Snowboard **4** Sleigh **5** Lamppost **6** Ski Mask
7 Deer **8** Snow Boot

EMBRACE

1 Paper Airplanes (4) **2** Monkey **3** Kite **4** Star Necklace **5** Pickaxe

GLIDE

1 Dragonfly **2** Heart Card **3** Tiara **4** Ticket **5** Lantern **6** Bow
7 Ice Skate **8** Gem Necklace

STILL

1 Carrots (2) **2** Bow **3** Pouch **4** Chess Piece - Knight **5** Horseshoe
6 Mane Brush **7** Flute

FRACTALS

1 Rose **2** Star Pendant **3** Birdcage **4** Bracelet **5** Diamond **6** Blackberry
7 Lemon Slice **8** Mirror

PASSAGE

1 Squirrel 2 Potions (4) 3 Cauldron 4 Pencil 5 Wand

BOND

1 Chameleon 2 Lantern 3 Carrot 4 Teddy Bear 5 Wooden Crate
6 Tire Swing 7 Apple 8 ID Tag

GLACIAL

1 Bell 2 Cat 3 Bucket 4 Map 5 Heart Pendant 6 Binoculars
7 Seagull 8 Skis

CRADLE

1 Arrows (2) 2 Butterfly 3 Hummingbird 4 Apple 5 Dog Bone
6 Frog 7 Tin Can

REFLECTION

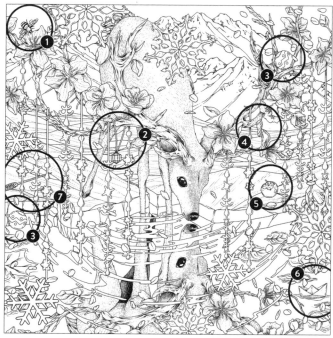

1 Bee **2** Necklace **3** Ornaments (2) **4** Cocoon **5** Persimmon
6 Paper Boat **7** Ice Pick

FROZEN

1 Dragonfly **2** Butterfly Net **3** Jar **4** Oxpecker **5** Cocoon **6** Caterpillar
7 Knot **8** Icepick

TETHERED

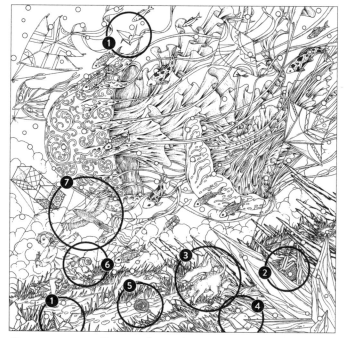

1 Paper Cranes (2) **2** Basket **3** Cat **4** Baseball Cap **5** Yarn **6** Earmuffs
7 Hawk

NESTLE

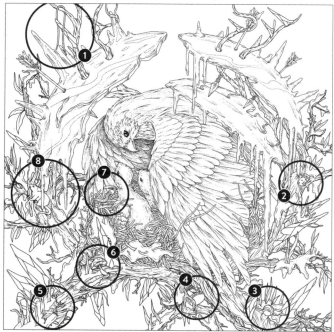

1 Shoelace **2** Cork **3** Marble **4** Bottle Cap **5** Grasshopper **6** Mushroom
7 Worm **8** Mouse

DISCOVER

1 Mouse **2** Fountain Pen **3** Scissors **4** Ruler **5** Chess Piece - Bishop
6 Magnifying Glass **7** Notebook **8** Glasses

STARE

1 Baseball **2** Pinwheel **3** Fish Hook **4** Bell **5** Windup Mouse **6** Yarn
7 Fishbone **8** Belt

FRAGILE

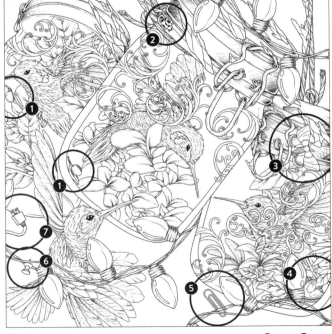

1 Olives (2) **2** Ladybug **3** Moth **4** Coin **5** Paper Clip **6** Tack **7** Plug

ADHERE

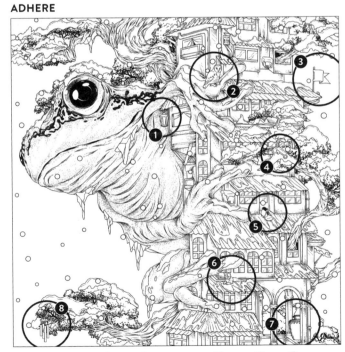

1 Lantern **2** Owl **3** Flag **4** Skeleton Key **5** Shoe **6** Cat **7** Vase
8 Wind Chime

SHELTER

1 Letter 2 Lantern 3 Lighter 4 Carrots (2) 5 Monocle 6 Stamp
7 Pocket Watch

CHILL

1 Strawberry 2 Seagull 3 Crab 4 Lifebuoy 5 Sardine 6 Pebble Pendant
7 Goggles 8 Anchor

TALE

1 Woodpecker 2 Lizards (2) 3 Spider 4 Quill and Ink 5 Matches
6 Compass 7 Bookmark

REMINISCE

1 Pendant 2 Music Box 3 Hair Clip 4 Watch 5 Slipper 6 Picture Frame
7 Hourglass 8 Basket

AURORA

1 Goggles **2** Peace Flag **3** Rabbit **4** Hot Water Bottle **5** Ice Axe
6 Backpack **7** Glove **8** Rope

COMPANION

1 Bee **2** Umbrella **3** Oil Lamp **4** Frog **5** Glove **6** Bag **7** Paper Boat
8 Scarf

TRINKETS

1 Thimble **2** Cheese **3** Mousetrap **4** Buttons (2) **5** Candy Cane
6 Cookie **7** Stockings

FLUTTER

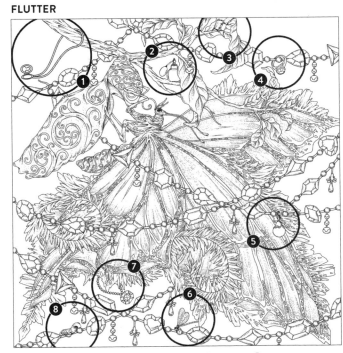

1 Locket **2** Perfume **3** Beetle **4** Ring **5** Earring **6** Dragonfly
7 Necklace **8** Caterpillar

FESTIVE

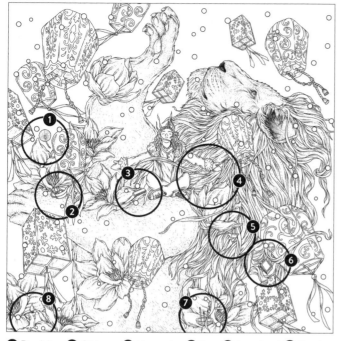

1 Dandelion **2** Oil Lamp **3** Harmonica **4** Bow **5** Arrowhead **6** Matches
7 Incense **8** Candle

SHARDS

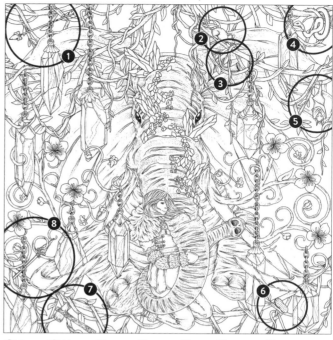

1 Arrow **2** Mouse **3** Horn **4** Snake **5** Bat **6** Peanut **7** Stone Axe
8 Spear

GLEAM

1 Grapes **2** Snails (2) **3** Harp **4** Gemstone **5** Moon Pendant **6** Sandal
7 Tiara

SNOW GLOBE

1 Dragonfly **2** Mushroom **3** Ladybug **4** Walnut **5** Frog **6** Button
7 Windup Key **8** Four-Leaf Clover

PENDANT

1 Mango **2** Lizard **3** Moth **4** Beetle **5** Salakot
6 Mushroom **7** Bananas **8** Cricket

FLURRY

1 Charm **2** Dumplings **3** Comb **4** Wooden Sandal
5 Mirror **6** Hair Clip **7** Scissors **8** Bow

TRAVERSE

1 Chain **2** Swiss Knife **3** Earmuffs **4** Pocket Watch
5 Flashlight **6** Rope **7** Carabiner **8** Winter Hat

CHANDELIER

1 Candle Snuffer **2** Mouse **3** Bird **4** Spider
5 Fang Necklace **6** Antidote **7** Thread **8** Snake Egg

GLAZE

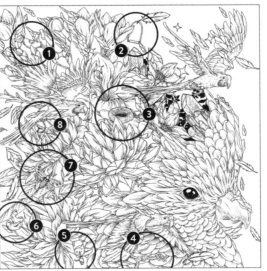

1 Apple Slice **2** Bird Swing **3** Nest **4** Toy Rope
5 Water Feeder **6** Cashews **7** Moth **8** Jingle Bell

FACADE

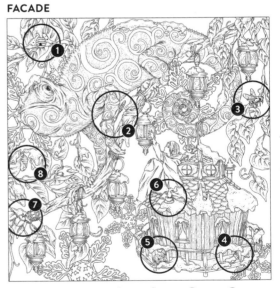

1 Beehive **2** Pendant **3** Bee **4** Sock **5** Book **6** Coffee
7 Beetle **8** Cocoon

AMUSE

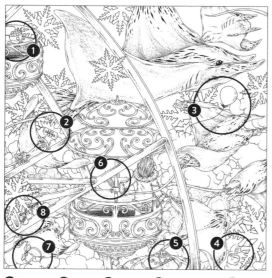

1 Popcorn **2** Ticket **3** Balloon **4** Candy Apple **5** Purse
6 Corn on the Cob **7** Headband **8** Soda Can

FROST

1 Soap **2** Lizard **3** Dragon Fruit **4** Strawberry **5** Scorpion
6 Water Bottle **7** Bubble Wand **8** Bottle Cap

SUBLIME

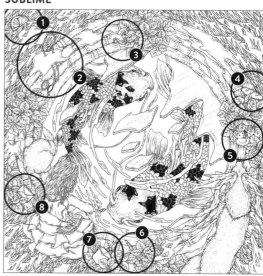

1 Lemon Slice **2** Locket **3** Worm **4** Bread
5 Rubber Duck **6** Pencil **7** Bucket **8** Letter

CHIME

1 Candle **2** Prayer Beads **3** Beetle **4** Shuriken **5** Knife
6 Amulet **7** Incense **8** Hand Bell

SNUGGLE

1 Spoon **2** Beehive **3** Bee Smoker **4** Honey Dipper
5 Scraper **6** Honey Jar **7** Jars (2)

Discover more of Mythographic

ISBN 978-1-250-27970-5 (trade paperback)

Cover design by Young Lim
Production by Noora Cox
Edited by Monica Sweeney

Our books may be purchased in bulk for promotional, educational, or business use.
Please contact your local bookseller or the Macmillan Corporate
and Premium Sales Department at 1-800-221-7945, extension 5442,
or by email at MacmillanSpecialMarkets@macmillan.com.

First Edition: 2022

10 9 8 7 6 5 4 3 2